JN409937

# 바람의 결

이미라 시집

# 바람의 결

초판인쇄 2024년 2월 29일
초판발행 2024년 3월 11일

지은이_ 이미라
발행인_ 이현자
발행처_ 도서출판 현자

등　록_ 제 2-1884호 (1994.12.26)
주　소_ 서울시 중구 수표로 50-1(을지로3가, 4층)
전　화_ (02) 2278-4239
팩　스_ (02) 2278-4286
E-mail_001hyunja@hanmail.net

값 11,000원



ISBN 978-89-94820-92-7　03810

# 바람의 결

이미라 시집

도서출판 현자

## 시인의 말

인간은 자신만의 영역에 펜스를 치듯
나름 정해놓은 규범이 있을 거다
시를 쓴다는 건 유일한 특권이다
나 또한 시를 통해 규범을 넘나들기도 하는
자유를 누려 온 것 같다
자유 속에 마음의 결을 만들어 주던 건
바람이었다
바람은 유형, 무형의 결로
유색, 무색의 결로
무의식 속에서 자유로운 유영
그 자유를 갈망하던 나를 끌어 갔다
나는 더는 특권 앞에 오만할 수 없다
늘 자책하며 자신조차 만족할 수 없는
시 세계에서 오늘은 탈출을 시도해 본다
나 밖의 세상에서 나를 들여다보아야 할 것 같다

- 미완성의 시집 한 권을 내보내며

차례

## #둘_ 생각의 겨를

차례

## #셋_ 세상에, 눈

## #넷_ 멈춤

#하나

# 바람의 결

## 바람 예찬

이른 아침 창을 흔들며
작은 속삭임으로 벽을 기어오르는 바람
저녁나절 땅거미 지는 막다른 골목길
수북한 낙엽을 끌어와
메마른 그림자 드리우던 바람
늘 살아서 회유하는 바람
어느 곳에도 머물지 않고
어느 곳에나 머물며
마음 닿는 대로 만날 수 있는 바람
나를 깨우기도
살며시 흔들어 잠재우기도
간간히 불어와 무심한 안부를 들춰내는 바람
손에 잡힐 듯 흔적 없는 자유의 영혼
바람은 숨어 울기도
한껏 머리 제켜 웃어대며
여민 품속을 스며들기도 하는
늘 곁에 맴도는
바람을 좋아한다
나는

# 오늘도 바람이 분다

풀이라 해도 좋을
내가 그곳에 앉아
기약 없는 기다림에 푸르게
흔들리던 상념
꽃이라 해도 좋을
내가 그곳에 어우러져
무심히 외면하던 눈빛들에
녹아내리던 빛깔들
태양이 서늘하게 시절은 가고
땅으로 숨어드는 흔적 없는 시간들

태양은 잠들지 않는다
바람은 여전히 분다

# 바람길

우리의 한옥에는 바람길이 있다
대문과 대청마루, 바람의 길을 위해
직선 혹은 사선으로 뒤창을 내주었다
집안 사방을 숨이 트이게 마당은 텅, 비워 두었다
아궁이엔 온갖 조리를 하며 방을 덥혀주고 연기는
바람길을 따라 굴뚝을 타고 하늘로 사라진다
온갖 액운을 안고 가듯이
한옥은 많은 장치가 없이도 추위와 더위를
잘 견딜 수 있는
자연의 이치가 스며있다
사람의 일에도 이와 같이
귀한 인연에 꼭히, 바람길이 있어야 함이다
서로에게 가식 없는 소통의 길을 만든다
내게도 그대에게도
바람길이 트여라

# 바람은 홀로 울지 않는다

여민 옷깃을 들썩이던 바람
깊숙이 웅크린 울분을 흔들어 댄다
제 설움으로

온 산을 헤매던 바람은
절 따라 묻어온 숱한 이야기가 버거워
계곡에 휩쓸려 울음 운다

먼바다
거친 물살을 일으키던 바람은
고단한 행보 모래 위에 누이고
운명 같은 역마살에 긴 한숨
산 같은 파도로
울음 운다

# 바람의 결 1

생각 없는 날
쨍하니 시린 빛으로
하늘도 생각 없는 듯 구름조차 없는 날
갈대가 눈부시게 바람을 끌어당기며
그림자조차 하얗게 물 위에 퇴색되던 날
몽돌 하나 집어든 생각 없는 손길이
강물을 깨트렸다
청아한 물소리 잠시 바람을 깨우고
생각 없는 날 너를 떠올린다
물소리 때문에
바람 때문에
그도 저도 아무려면
그저 바람이면 좋겠어

## 바람의 결 2

-지나가는 바람

바람아 가던 길 멈추고
행여, 미련이 남거든
마주 불어오는 바람에 슬몃 기대어
두 팔 벌려 가늘게 떨리는 가슴에 머물다 가렴
쉬이 떨어지지 않는 발길
마른 손끝으로 밀어내면
다시 못 올 사연들 내려놓고
돌아서 가는 길 황량할까
몇 닢 남은 잎새마다
새겨둔 아린 마음
품에 넣어 주겠어
바람아 가던 길 멈추고
잠시 뒤돌아보거든
흔적 없는 화사한 시절 더듬어
가슴에 눈 속에 담아 가렴

# 바람의 결 3
-인연

허공에 맴도는 이름들이 그립던 날
늘 바람을 타고 있었다
바람은 강가에 내려놓기도
하늘은 빼곡한 숲에 숨어 바람 더불어
손을 잡아 주면 눈물 닮은 하늘 따라
구름에 앉았다
흐르고 흘러 멈춘 곳은
몇십 년의 세월이 스쳐 간
익숙한 풍경 속
떠난 사람들 잔영이 어리고
함께 소중한 인연으로
한길로 또는 다른 길로
분주한 일상으로 돌아가는 뒷모습에
바람 같은 이름 하나 새겨둔다
늘 곁에 있어도
멀리 있어도 그립다
이름들

## 바람의 결 4
-바람이라 했다

높은 곳으로 끌어갔던 완강한 힘
때로는 회오리로 때로는 강풍으로
걷잡을 수 없는 예감으로 불어왔다
힘없이 놓아버릴 것 같은, 놓아버리고 싶을 때마다
손 내밀어 잡아주던 그건, 바람이라 했다
문마다 겹겹이 빗장 지르고 텅 빈 여백에 평온하다거나
홀가분하다거나 그런 수식들로 여유로울 때
흘러간 시간의 창고엔 녹슨 기억들이 삐걱거리고
무덤덤하게 돌아누운 벽들이 밖으로 난 길들을 잘라먹고 소리들을 삼키고
쇠잔한 영혼이 바닥으로 드러눕기 전 빗장을 벗겨내면 언제라도
멈출 수 없이 끌어가는 그건
열정의 바람이라 했다

# 나목

떨고 있다
작은 바람에도 소스라치던
드러내 보일 것 없어
허세를 부리지만
분명 떨고 있다
냉혹한 바람에 담담히 버티고 섰지만
지나가는 발길 행여, 머물까
떠도는 구름
잠시 쉬어가진 않을까
갈 길 재촉하는 철새들
어깨 위에 앉아 숨 돌리며
수다라도 떨어주진 않을까
무심히 스쳐 가 버리면
먼발치에서 간간히
보일 듯 말 듯 마주하는 따뜻한 눈빛
그러하여
기다림에 지친 떨림인가

# 산

태풍 같은 세월이 묵은 곳
태양도 달도 온갖 생명을 잉태하며
세상을 살찌우는 산
소리 없는 소리들
수억 만년의 아침을 일으키며
해 질 녘 아우성치던 세상
태산 같은 산등성이마다
고요히 먹빛으로
기대어 눕는다

# 고요한 산울림

멀리서 바라보는 산은 고요하다
다가가면 온갖 생명의
살아 숨 쉬는 소리 활기차다
산은 온갖 울림을 품고 사는
어미의 품속을 닮았다
하늘 향해
세상을 향해
첩첩 메아리로 퍼져가는 울림은
모태로부터 살아 숨 쉬는
고요한 생명의 소리들이다

# 강이 말한다

거대한 산을 품고 더는 탐욕을 채울 수 없어
해와 달을 품은 하늘을 끌어안고
세상에 더 큰 뜻을 세울 일이 없어
포만감에 세월 흐르는 줄 모르고 그저 흐르기만 하더니
가뭄에 드러난 바닥 혼탁한 세상에 오염된 모습으로
더는 자만할 수 없다는 걸
뒤늦게 알았네
작은 물고기도 바위틈 가재도 모래를 헤집고 소곤대던 소라들도
은빛으로 온몸을 반짝이게 하던 햇살도 잔잔히 물결을 만들어 주던 바람도
함께였던 것을 잊고 살았네

# 앉은뱅이 꽃

애써 눈길 마주치려 애쓰지 않았다
나지막이 그저 피어있었다
길가 담 모퉁이 풀 더미에 가려진 채
줄기도 없이 꽃대 하나 길게 피워 다소곳이
옆으로 고개 숙인 제비꽃
내 맘이 머물던 꽃 무더기 앞에서
어쩌면 그리스 신화 이오의 숨은 사랑에 빠져
가슴이 오글거렸을까
뉘엿뉘엿 해거름에 물들어가는
보랏빛이 애잔하여
한참씩 자리를 뜰 수 없었다
내 맘을 앗아가는 그건 온전히
작은 날개 펼쳐 날고 싶은
안쓰러운 네 모습 때문인 거다
가슴을 멍들게 하는 보랏빛 여운이
맴돌기 때문인 거다

# 겹
-양파

아프다
오감을 자극하며
한 치 물러서게 하는
너의 당돌함
부드러운 속성이 드러날까
베일 속에 감추고
누군가의 손길을 기다리며
겹겹이 응집된 수액
한 겹씩 벗겨내며 네 인고의
세월 한입 베어 물면
아픈 너보다
내가 더 아리다

## 도화 꽃 그대

온몸 세파에
굵어진 마디마디
신음 한 가닥 새어 나갈까
철벽 두른 등껍질 깊이 삭여 낸
눈물 같은 수액으로
그래도 아직은 희망이라고
푸른 하늘 보라 하며
꽃 한 송이 의연히 피웠다

# 메타세콰이어 길 1

한 계절 숨죽이던 생명들이
움트는 소리
침묵을 탐닉하던 시간들 깨우고
느릿한 걸음을 재촉한다
지금
숲으로 향하는 것은
초록으로 물들고 싶음이다
새들도 비로소 숲이 우거져야
소리에 울림이 가득하다
미소한 존재감이 숲에
한 잎으로 남아
바람의 너울로 함께 불기도 하겠지

# 메타세콰이어 길 2

파랑이 높다
끝을 보아야
본 것 같은
묘한 감정선을 이끌어
가지는 키를 더 키운다
고개 젖히고 우러러보는
뻥 뚫린 몸속으로
수만 개의 잎들이
바람으로 쏟아진다

물음 하나
어디까지 갈 거니

물음 또 하나
하늘에 닿았니
……

## 푸름의 산아

푸름에 눈물겨운 산아
잿빛 하늘도 나지막이
산으로 스민다
말없이도 눈빛만으로
네 품에 안겨
세상 무엇이 이보다 더
아름다울까
내 몸의 가벼움이
천상의 구름인 듯
산의 살점인 듯
속절없이 눈물겹다
발밑에 스러지는 야생조차
풋풋하여
몸 하나 푸름의 홑씨로
떠다닌다

# 낯설게 하기

새벽안개에 몸을 숨긴 창가 풍경들이
새로울 것도 없이 늘 그렇게 다가와
햇살로 걷어내면
밤새 조아린 일상들이 부산하게 유리창에 부서진다
창을 열면 내가, 내가 아닌 양
떠밀려 가는 뒷모습을 멈칫멈칫 바라보며
산들의 심장을 향해 여러 갈래 늘어진 길로
역행의 발걸음을 재촉해 본다
무수하게 잎을 떨궈 내는 나무들의 반란에
술렁이는 바람까지
나이기를 거부하는 아우성 같은 소리들과 어울어진다
고단하게 늘어진 내 안의 세포들이
멀리 돌아누운 역행의 끝에서
둥지 하나 틀고 있다

# 울릉도 그 섬엔

향기가 그랬었나
모습이 그랬다
해설프게 웃음이
한소끔 삭힌 햇살을 풀어내 듯
알싸한 정감으로 번지고 있었다
격정의 바다 물길을 잠재우며
온기라곤 없는 작은 몸
바람벽을 타고 오르는 소금기로
제안의 열기를 뽑아내
노랗게 샛노랗게 아스타
바람꽃이 간절하였다

*아스타(라틴어로 별)

# 어둠의 눈물

어둠이 어딘가로 제각기 길 찾아 떠난 후
비로소 아침이 찾아와
짙은 밤 밀어내기에 아우성치며
소용돌이 같은 몸짓들이 긴 한숨 내쉴 때
누가 알랴
빛의 줄기들이 이토록
고요히 찾아올 수 있도록
자리 내어준 어둠의 눈물을
괜찮아
눈물방울들, 잠 깨는 잎새마다 매달려
현란한 아침을 맞을 테니까

쉼 없이 다가오는 내일, 또 내일
괜찮아
밤새 초롱한 눈빛으로 지켜보는
별들의 숱한 이름마다
외로운 마음들 함께하니까

# 독한 생애

단단한 땅 위에 줄지어
하늘 향한 염원
대찬 줄기 뻗었다
육 쪽의 옹골진 한해살이
비바람에 휘둘린 삶
알알이 숨겨놓고
앙다물고 참아낸 응어리들
독하게 품었다
한 겹 두 겹 허물 벗겨
취해본 누군들
아리지 않을 수 있을까

# 유월 마지막 날

세상을 뜨겁게 달구던 태양도 숨어버린
유월 마지막 날
바라보기조차 아까워
부르기조차 아까워
온 가슴으로 품고
날마다 당신 앞에 꽃으로 피어나던 사람
차마 두고 떠날 수 없었을 테지요
할 말이 많아, 할 일이 많아
홀연히 돌아설 수 없었을 테지요
당신마저 알 수 없던 암담한 낯선 길
어찌 발길 옮기셨나요
돌아서는 귀향길이
너무나 슬퍼하지는 말아요
냉기뿐인 가슴에 불 지피는 사람
갈퀴 같은 소낙비 야속하게도 넘나들며
하늘은 낮아진다
무너질 듯 낮아진다

–지인의 소중한 사람 세상을 떠나던 날

# 늘 그렇게

1
늘 그렇게 서 있는 나무들이
비바람도 좋은 듯이, 불타는 태양도 괜찮은 듯
희망의 날개 활개 치며 키를 키우는 나무처럼 그냥 그렇게 살아내면
다시 또 앙상한 몸뚱이에 새순이 돋아날까
바람처럼 내가 불어가고 흰 눈처럼 내 맘 얹어주고
그늘 깔아 기다리는 곳, 내가 함께 날들을 기다리다 보면
괜찮은 나무가 되는 걸까
2
순백의 곧은 절개로 꼿꼿이 하늘을 찌르듯
자작나무 숲이 늘 그렇게
눈 내리는 날, 더 하얀 그리움을 토해낸다
푸른 잎이 무성해지면 싱그런 숲을 받쳐주는 나무는
순백의 안개 같은 기다림의 숲을 만든다
3
봄날이 짧게 오던 날
햇살 같은 벚꽃들이 손꼽히던 마음 안에 들기 전
바람의 성화에 꽃비를 쏟아낸다

그냥 그래도 괜찮은 거라고
화사한 면사포 흩날리는 봄날의 신부처럼
그렇게
4
앞산 뒷산에서 아카시아 꽃무더기
그 잊을 수 없는 향기로
해마다 그맘때쯤
아래로 아래로 내려와
그리움 물씬 풍기며 곁에 머물기를
애절하게 그렇게
5
간간히 창밖을 기웃거리며
한겨울, 조금 더 자란 키보다
좀 더 흐드러질 이팝나무
웃음소리 터져 나올 듯 참지 못해
목청껏 웃어 보려
햇살 좋은 봄날을 기다린다
하얗게 목울대 드러내며
그렇게

#둘

# 생각의 겨를

## 생각의 겨를

생각에 빠져들면
눈물짓는 기억들이 있다
특별하지도 않은 나날들이 가슴 저미게 하는
시간들이 있다
코끝이 찡하도록 그리운 거다
양쪽 팔에 매달린 아이들과 한 걸음 뒤에
따라오시던 노모와
늦은 밤 야식을 즐기던
유일한 동네 입구 우동 집
모두가 사랑인 줄 모르고 주고받던
너무나 일상적인 것들이 더 소중하게
기억 한편에 있다
고요한 시간을 비집고 들어온 햇살 같은
일상의 자투리들
되돌아갈 수 없는 날들이
조각조각 따뜻하다

# 기린을 닮았다

목을 길게 빼고 이제나저제나 기다리는
아이 둘을 품은 아이 엄마가 에미를 기다리다
기린을 닮아간다
늘 기다리기만 하던 네게
아직도 여전 아이처럼 갈증 타는 네게
목마름 하나 가셔주지 못하는 안쓰러움
돌아서는 발뒤꿈치 돌멩이 메달은 듯
묵직하게 현관에 걸리고, 다시 돌아서고 싶은
마음뿐인 어수선한 갈 길 서두르고 있다
대전 복합터미널로
버스에 실려 가는 나를 끌어내듯 뒤로 달려가는
창밖 풍경에
썰물처럼 빠져나가는 모성
짠기가 남아 아직도 아리다
모자라는 사랑

# 겨울바람의 지문

땟국물 범벅 된
눈물 콧물 닦아주던 손길
세상에 둘도 없는 손맛으로
피워내던 함박웃음
연금술사처럼 녹여내던
사랑이라는 것
마지막 순간까지
남김없이 쏟아내고
시린 바람 끝에 사위어 가는
실낱같은 온기로
가슴을 덥혀주고 떠나던 날
어머니
한 생의 지문이 오롯이
가슴에 남았다

# 부추 꽃

아버지의 작은 텃밭에는 해마다
부추가 푸르렀다
얄팍한 잎에 살이 조금 차오르면
싹둑싹둑 머리채 자르듯 가위질하며
잡초에 버금가는 생명력을 당신의 기술인 양 자랑스러워했다
그 좋은 먹거리를 조금은 배려하듯
한쪽 귀퉁이에 잘라내지 않은 부추 한 무더기는
가녀린 꽃대를 키워 꽃을 피웠다
유독 찔레꽃 배꽃 배추꽃, 흰 꽃을 좋아하시던
어머니를 위해 바치던
사랑의 꽃다발이었다
그건 사랑이었던 거다

## 청색 고무 슬리퍼

다용도실 구석에
뭉뚝한 코를 드러내며
알싸한 파란빛으로 있었다
두 사람 들어설 수 없는 공간의
주인은 세탁기
철퍼덕 앉아보니
발끝에 걸리는 돌 빨래판
그래, 주인은 너였는가
온 집안을 빛내고 다니던
뽀얀 걸레조각
돌 베게 삼아 널브러져 있다
작은 공간을 종종내던 주인은
어머니의 슬리퍼
가만히 들이민 발끝에서
천천히 머리끝으로 올라
꺼이꺼이 목메어
청색 날개를 달았다
더 이상 주인 없는
11층 다용도실 창을 열었다

# 살다가 보면

비에 젖고
바람에 부대끼면
닳고 닳아 작아진다는데
가슴 속 단단한 돌덩이는
세월 따라 커져만 간다
오장을 조여 오는 압박감
더 이상 여백이 없다

숨을 쉬어야 해
세찬 비바람에 뛰어들던 날
목울대 울리며
심장까지 차오르는 빗물

시원하다
후련하다

온몸에 물길을 내는
너 때문에

# 우리는 서로에게

가까이 있어도 멀리 있는 것처럼
많은 것 알아도 까맣게 모르는 것처럼
그렇게 세월의 그림자만 응시하고 있었다
문득문득 빛의 잔영이 등 뒤로 숨어들어
알 것 같기도 한 연민의 시간들
잴 수 없는 거리로 좁혀오고
마른 장작 타듯 가슴에 번진 불길에
던져야 할 오래된 것들
습성처럼 일치하는 일상 속에
사라져 가는 것들
잡으려 하지도 채우려 하지도 말자
네가 나인 양 내가 너인 듯

깊은 내면의 것들 끌어내려 애쓰지 않아도
함께 소진할 내일의 숫자만큼
편안한 이름으로 낚싯밥 던져놓고
파닥이는 은빛
세월을 그냥 놓아두자

# 잃어버린 골목

골목에 모여든 바람
아이들 등을 토닥이고
담벼락 비스듬히 기대는 햇볕은
가무잡잡한 아이들 손등을 기웃기웃
반짝이는 구슬이 배를 불리고
엄마의 부름에 손 이끌려 들어가는
어스름 저녁마다 낮은 굴뚝에 연기가 정겨웠던
사라진 골목길
오늘 문득 아파트 놀이터에 물든 저녁노을이
오글오글 아이들 함성 걷어가며
어렴풋이 창가에 맴도는
"얘들아, 놀자"
"얘들아, 놀자"
이름도 아련한 아이들 소리

# 꿈

우주의 한 조각
구름인 줄 알았다
불어오는 바람에도
실려 가는 너인 줄 알았다
떠돌다 버거워지면
쏟아져 내릴 빗물인 줄 알았다
신기루처럼 스쳐 가는
미완의 순간이었나 보다

# 불발탄

찰나의 순간을 위해
쾌속으로 당겨지는 황홀한 시위
고도의 하늘로 향하는
절정의 순간
칠흑 같이 어두운 기회를 노려
비밀스런 모양으로 으뜸이고 싶은 욕망이
어둠을 가른다
그 많은 연출 중에 조연도 할 수 없이
사라지는 좌절
그러나 아무도 모른다
알 필요도 없이
연이어 솟아오르는 화려한 향연에 취해
군중 속에 고요히 사라지는
불발탄 하나쯤
그들의 기억 속에 흔적도 없다

# 고삐 풀린 말

미세한 먼지 피부에 달라붙어
스멀스멀 트러블 일으킨다
오염된 그것들 말초신경 자극하며
얕은 쾌감으로 파장을 일으키는
무지한 것들
솔깃한 귓전을 맴돈다
정돈된 악보도 없이 묘하게 어우러지는 소리
흑백의 건반 위를 난무하며
팝콘처럼 부풀어 사방으로 달려가는
말. 말. 말

# 삶의 이유

긴 벼랑 끝에서 곤두박질치며
흰 거품 물고 휘돌다
유유히 흐르는 너를
불러 세워 묻고 싶다
얼마큼 더 아프게 부서져야 가는 길
멈추고 싶겠니
흐르는 물줄기 움켜쥔 손아귀에 힘이 빠져나간다
물길에 쓸려 가는 내 몸의 조각들
퇴보하는 생각과 명분 잃은 희망을
분간 없이 흔들어 댄다, 물길은

그래, 더불어 가보자
살아 있다는 건 창조의 의미
아직도 시작은 희망이니까

# 그저 웃지요

요즘 사람들이 좋아하는 그 말이 좋아서
나도 그저 웃지요
아픈 얼굴 미운 얼굴 감춰 놓고
그저 웃다 보면
내가 나를 잊어 가는 듯도
세상을 체념한 듯도
세상을 달관한 듯도
백치처럼 손해 보는 듯도
그래도 그편이 나은 듯도 싶어
그저 웃지요

# 시時, 터 밖으로

미궁 속을 빠져나가기를
구불구불 멈추기도, 흐르기도
탐닉하는 것도
짧게 오고 가는 희열들
가느다란 빛이 보이고
내가 그가 되고
내가 그의 터가 되고
합일점을 찾아갈 때
점 점 점
모여 이루는 것
넓은 초원
구름 한 점 흘러가도
잡을 수 없다
점 점 점
멀어져 가는 것 바라만 볼 수밖에
풍경 속에 점 하나

# 밥 짓는 여자

어두운 창가에 기웃거리는 불빛들
멀게도 가깝게도 지그재그로 밤을 새우는
창밖 풍경에 잠을 설치고
창고 깊숙이 아껴둔 말들을 기억해낸다
왜일까, 왜 선물처럼 귀한 말들을
건네지 못했을까
꿈꾸어 온 절정의 기회를 기다리며
오랜 시간 소용돌이치던 공간 속에서
언어들은 더 이상 신선하지도 않다
'배고파 빨리 밥 줘'
기계처럼 움직이게 하는 볼멘소리에
조심스레 문고리를 잡고
아껴둔 한 줌의 말을 꺼내어
밥솥에 넣었다
사랑, 여태 전하지 못한 그 말이 별것이더냐
압력밥솥에 시장기 달래줄 한 끼
잡곡처럼 한 줌씩 넣어주면
그게 그거지

## 계단 끝에서

인생여정엔 늘 지름길이 있었다
끝이 보이지 않는 높은 곳
안개 속에 숨어 있듯 아득해
한 걸음씩만 같은 보폭으로 올라야 하는
원칙 같은 진리로 숨 가쁘게 오르면
이미 또 다른 타인이 앞서 가고 있었다
뒤돌아보니
아득한 곳의 첫 발걸음
거침없던 행보가 부끄러운 건
누구나 오를 수 있었던 지름길을
홀로 자만의 무의식 속에서
유영했던 그것

# 여백

혼탁한 욕망으로 버거운
마음자리를 비워야
다가올 수 있다

세상을 선하게 틔우는
작은 눈빛들

떨리는 바람에 실려온
아득한 한숨 소리

귀 기울이는 소소한 마음에
들어오는 그것
사랑 한 줌

# 붉거나 푸르거나

후미진 막다른 골목에서 길 잃고
흘리던 두려움의 눈물
유채꽃 너울에 별 뜻 없이 현기증 나도록
웃어 제키다 새 나오던 동심의 눈물
첫 모태인 나를 세상에 남겨두고
진달래 빛 처연한 양지바른 산언덕에서
손사래 치던 아픈 사랑에 흘리던 눈물
거센 파도를 가르던 뱃전에서
끝을 모르겠던 하늘, 바다 때문에
찔끔대던 짭조름한 눈물
모두 다 그리움인 거다
아직도 누군가를 위해 흘릴 눈물이 있다면
그건 세상을 길게 걸어오다
거르고 걸러 맑디맑은 푸른빛
핏빛으로 사르는 석양에 뉘엿뉘엿 붉은 눈물
이유 없이 얼룩지는
하 많은 시간의 중턱도 넘어
붉거나 푸르거나 흔해지는 눈물 가두고
해 지고 해 뜨는 풍경 속에
내가 서 있다

# 병
-함께 가는 길

살아온 세월만큼
촘촘한 기억창고에
뿌연 안개 덮이더니
걷힐 기미가 없다
불확실한 미래는
희망을 짓누르는 고질병의 무게
네 몸은 네 것이 아니라고
불시에 앗아가는
몸 안의 버팀목
비틀대는 틈으로
통성명도 없이 찾아오는 파괴의 그림자
알 수 없는 나머지 생을
함께 가자 하네
그래, 그런 거였어
내 몸이 내 몸이 아닌 걸
이제사 의연하게 동반의 길
꽃길도 가시밭길도
손 맞잡고 가려하네

# 동반자

호수 깊은 곳 흔들리는 수초
해묵은 나무숲에서 아득히 들려오는 풀벌레 소리
별자리 까마득히 하늘에서 보내오는 신호음
느닷없이 찾아왔다
사라지기도 하고 잊힐만하면 슬그머니 찾아와 함께
가자 한다, 언제쯤 친숙해지려나
늘 앞에서 아른댄다 성가셔 손사래 쳐도 소용없다
맑은 하늘을 보면 제가 먼저 활개 치며 시야를 방해한다
미명도 비문증도 힘겨운 삶의 동반자
외로울까 봐 더 찾아올 그 무엇도
그래, 함께 가자

# 훔쳐 가지 마

자꾸 훔쳐 가지 마
틈새마다 채워진 엑기스
야금야금 가져가지 마

안개 속에 떠다니는 언어들
곁에서 늘 익숙한 이름들
낯선 듯 찾게 하는, 너는
날렵하던 뇌의 구조에
무슨 짓을 하는 거니

기억의 순서, 숫자
무지갯빛 이야기들
훔쳐 가지 마

어느 날 가던 길 멈추고
미아로 돌아간 기억의 늪에서
여기가 어디냐고 넌 누구냐고 물을 때
허우적대는 실오라기 같은 기억마저
훔쳐 가지 마

순리라고 설득할 때

고개 끄덕일 수 있음

좋겠어

그저 삶의 진리라고

순리라고 설득할 때

고개 끄덕일 수 있음

좋겠어

# 한 숟가락

한 번만
한 번만
꼭 다문 입술은
간절한 바람으로 사정해 봐도
소용없었다
평소에 쉽게 넘어갈 밥 한술
애타는 마음 얹어보지만
손사래 치며
생의 문턱을 넘나들던
어머니
정성 없이 떠드리던
우매한 시간 속에 갇혀
오늘
밥 한 숟가락
갈퀴처럼 목에 걸린다

## 내가 살던 집

새 삶의 터전 쌍문동, 나의 살던 집
노모와 아이들 삶이 오롯이 깃든 곳
많은 세대가 둥지 튼 그 중
유난히 따뜻해 보이던 11층 창문
발 빠른 걸음을 더욱더 재촉하던
그 집 창가엔 노모의 기다림이
넌지시 내다보고
두 아이
사랑이 창밖으로
쏟아져 나오면
숨 가쁘게 달려가던 곳
내 생에 가장 행복했던 때는
이곳에서 살아온 시간들이라는
그 말을 남기며 세상을 떠나시고
노모의 손길에 성장한 아이들 제 갈 길 가고
낯선 사람들에게 집을 내준 지 십수 년
얼마 전 그 집을 떠나보내며
마지막 서류에 도장 찍던 날
눈물이 발길 잡아

쉽게 떠날 수 없었다
다시 발길 돌려 어머니 행복한 모습을
아이들 엄마 사랑에 늘 목말라
기다림 속에 성장하던 모습들
가슴에 담고 함께 웃던 그 길을 걷고 또 걷고
그렇게 내가 살던 정든 집을
떠나보냈다

# #셋

# 세상에, 눈

## 세상에, 눈

눈 깜빡할 사이
세상에, 눈
눈 한 송이의 가벼움이 모여
오만한 세상을 환상 속에 가두었다
한 줌의 눈을 온기로 녹이는 인간의 허세도
무렴하게 묻혔다
조심스레 세상을 바라보는
눈빛
조심스레 세상 속으로 걸어가는
발걸음
그래도 어쩌랴
키 높은 가지마다 하얀 눈꽃이
세상에 등을 밝히고
튼실한 까치들이 놀란 듯
가지마다 지붕마다 발자국 찍느라 분주하다
사람들 기억을 하얗게 지워버리듯
세상은 환상 속에 그냥 취해버린다

# 봄날

바람이 몹시 불면
거리의 전도사가 된다
꽃의 전령으로 향기 날리며
길이 끝나는 길마다
거리를 배회한다
바람이 되고 구름이 되고
산 중턱에 쉬었다
숲으로 숨었다
강가에 들풀로 누워 물결 휘파람 소리
귓전에 두고 잠시 졸음에 취해본다

# 봄의 길목

깃발을 꽂고 펄럭인다
빨강, 노랑, 초록, 파랑, 보라
태양이 타오르다 멈칫
깃발 위에 싸늘해지고
세상을 향해
목청껏 뿜어내던 냉기에 서린
봄의 소리들
깃발을 휘두른다
미쳤어, 미쳤어
잔설 품은 바람벽에 부딪히는 탄성
회오리로 돌아 불붙은 청춘들
하늘을 삼킬 듯 솟아오른다
펄럭이는 바람
바람에 머리 풀어헤친 깃발
미쳤어, 미쳤어

# 봄날의 반란 2

들어 봐
꽁꽁 동여맨 마음
한 올씩 풀어
틈새 흘리는 웃음
여기 봐
대지가 들썩들썩
저길 봐
나뭇가지 봉긋봉긋
상큼한 눈빛으로 햇빛 바라
젖내 나는 새순 틔우잖아
목젖 보이도록 웃어 봐
지금은 자유다
바라만 보아도
마음에 들어앉은 기억들
아낌없이 쏟아
술렁이는 반란에
발 담그고
가슴 터지도록 취해 봐
헐렁하던 하늘엔

함성이 툭툭 터지고 있어
후두둑, 후두둑 꽃비 내리는 날
기억 가득 가슴에 담아
꽃길 걸어가는 봄날
반란은 끝나겠지

# 춘설
–펜데믹 시대

그냥 가는 줄 알았더니
겨우내 눈물 흔적도 없이
까칠하게 하늘 문 닫힌 줄 알았는데
입춘도 넘고 가던 길
언 강 풀리고 초목에 싹트는 우수에
쏟아지던 풍성한 눈꽃
우리 사는 일이 그렇듯이
빈 하늘 바라보기를
또 날들을 보내고 고개 떨구고
그렇게 한철 보냈는데
정수리 흠뻑 적시던
설화의 눈물
휘청이는 온 세상 못 미더워
발길 돌렸나
기세등등한 오만으로
불신과 분열의 세상을 마비시키는
이 계절의 분노
문턱의 봄날 시샘 말고
골짜기 잔설 녹아내리듯이

사악한 유전자 함께 떠나다오
머잖아 뿌려질 꽃비에
등 푸른 아침을 맞으며
우린 작은 일상에
행복하리라

# 봄, 밤에

으슬한 밤기운에
봄꽃이 움츠러든다
너나 나나 때 이른 차림새
네 탓도 내 탓도 아닌 봄날 시샘에
그래도 달빛은
가는 길 달래주며 벚꽃 무더기마다
활짝 등을 달고 있다

# 억수

빗속을 뚫고 달리는 고속버스
창을 세차게 때리는 빗줄기
가슴에 우거진 초목을 흠뻑 적시고도
바닥엔 강을 만들고
목적지 다 가도록 더욱더 깊은
물길을 만들고 가슴을 범람하는
비, 비, 빗줄기
너로 하여 쓸려가 버린 보는 섯
황폐해진 가슴으로 일으켜도 부축해도
돌아오지 않는 것들
이제 그만 멈추어라
너의 달콤한 애무도 사탄의 혀와 같으니
가슴까지 쓸고 가는 빗줄기
이제 그만 애꿎은 눈물을
멈추어라

# 늦장 비

서늘한 가을볕
서둘러 가건만
사나운 비바람 몇 날을
제 맘대로 속내를 휘두른다
퍼즐처럼 조각조각 흩어진 잎마다
상념들, 머무를 겨를도 없이
차갑게 젖은 가로수 길은
깊은 수렁으로 침몰하듯
마음 둘 곳 몰라 어수선하다
아스팔트 위로 질주하는 빛조차
냉랭하게 통제할 수 없이
젖어드는 생각들 정지된다
빗줄기는 살갗에 닿는 순간부터
희비가 교차되는 기억들도 다른 형태로
수동적이기도 능동적이기도 하다
술렁이며 쓸려가는
이미 내 밖의 것들
집으로 향하는 발길이 빨라진다
아파트 창의 불빛이 소중히 느껴지는
늦가을

# 비, 너로 하여

혼연의 일체로 온전히 너이고 싶다
수많은 줄기로 어디서부터 인지 모를
심연의 깊은 곳까지 스며드는
너와 너로 인해 하나가 둘로 둘이 다시 수 없음으로
흥건히 모이고 모여 축복 같은 너이고 싶다
너와 나도 수 없음에 모여
사선으로 직선으로 시야를 흐려놓고
망각의 협주곡 속에 무한히 축복이고 싶은 거다

# 오늘 밤에 내리는 비는

젖어 있는 길들이 습자지처럼
쓸쓸한 기억들 빨아들이고
LED 가로등 빛은 더욱 차갑게
바닥에 누웠다
눈앞에 아른대는 사람들
하나, 둘 젖은 도로 위에
일그러진 모습이다
우수라는 아직은 시린 밤
앞서 거니 뒤서 거니 모습들이
밟히기도 뒤따라오기도
질척대는 발바닥에 들러붙은
빗물이 무겁다
밤새 내리고야 가벼워질 기세로
그림자조차도 먹어버린 빗길에
언 땅을 위해 내가 빗물로 젖어든다
눈물로 흥건한 길들
햇살 퍼지면 말간 얼굴로
마주하겠지

# 구월이었다

수만 개 갈라진 거리로, 안방으로
무지하게 덮치던 한 여름 아귀들의 요란한 잔치에
가진 것 모두 내어주고 망연자실 실어증을 앓던 사람들
울컥울컥 길바닥에서 눈물 솟던 날
손바닥 발바닥에서 눈물 흐르던 날
골목마다 들썩이던 보도블록이
퍼즐 조각처럼 자리를 찾을 즈음
다시 머리 누일 안방을 찾으려
진흙 구덩이에 수없이 뒹굴고
악몽의 그림자 조각조각 내동댕이치던
피폐한 손등을
자박자박 두들기던 빗줄기
온몸을 훑고 가던 햇살이
조금씩 마음을 열어주던 구월이 오고 있었다
바람 달짝지근한 구월이었다

# 구월을 닮다

구월 이마를 비벼대며
파랑 캔버스에
퍼즐로 쏟아놓은
잔망스런 기억들

마음 끌고 가는
네 손끝이 구월에 닿으면
좋겠다
순한 바람으로 데려가는
네 결이 구월이면
좋겠다

넉넉한 품에 든
햇살 바람 구름 조각들
이별이 더 가까운 날들을 위해
숲은 품을 더 키우고
날개 추슬러
멀어진 하늘 가까이로
갈바람 한소끔 마시며
구월 품에 들고 싶다

## 시월을 담다

시월 하늘 끌어와
마음 한 줄 널어놓고
발밑에 묻어온 향기로
오늘 하루 그윽하다
옷섶에 안고 온
싸한 바람은 들녘으로
마실 가자 부추긴다
햇빛 익어가는
눈 감기 싫은 날
누군가를 위해
남겨 놓아야 할
위안의 시월
한 자락 끌어와
가만히 눈 가리고
시월을 담는다

# 비어 있는 길

길게 늘어선 길
연기처럼 꼬리를 감추고
비어 있다
마주치는 사람이 있어 좋을 때도
아무도 없는 빈 길의 고독함도
내가 누릴 수 있는
유일한 시간
사람에게 상처받고
사람에게 위로받고
그런저런 모양새로
사람은 어우러져야 살아지는 것
이야기를 만들고 역할극을 하며
삶은 그렇게 흘러가는 것
때로는 부대끼는 길 속에서
때론 빈 길을 걸으며 이 또한
지나가는 순간인 것을

# 아픈 늦가을

가슴을 들락거리며
때로는 떠다니는 구름의 흔적으로
때로는 양지바른 얼굴로
골짜기 굽이굽이 돌아 흐르던
푸른 발걸음

언제부터 내렸나 찬 서리 한기에
석양빛 닮은 홍조를 띠고
느지막이 생기 없는 느림으로
가슴 밖에 서성이며
버티고 선 모습
아픈 거니
바삭거리는 모습들이 그렇다
가슴을 열어 줄 수도
손 내밀어 줄 수도 없이

그저 이렇게 바라만 볼 수밖에

# 억새꽃

너의 손을 잡은 가슴둘레길
억새꽃 물결이 출렁인다
어김없이 찬 서리 살갗 돋는 이맘때쯤
텅 빈 허공을 휘적이는 갈 빛 몸부림
바람은 허리춤을 휘감고
목청껏 불러댄다
나를 부르는가, 나를 불러다오
억새꽃 정수리에 서리꽃 필 때쯤
양팔 벌려 내가 출렁이겠네

# 서리꽃

이른 새벽
어둠을 경이롭게 깨우던 강 둔치
찬 서리 걸친 들풀들
손대면 빛이 묻어날 듯 입김 불면
날아가는 샛별무리
소름 돋는 감성, 생애 첫 대면이었던
신비로운 풍경
해 뜨지 마라
어설픈 입김도 불지 마라
민심 흉흉한 어둠 속 세상 승화시키며
시린 빛살로 하늘 향해 사라진다

# 걷다 보면 생각나는 사람

홀로 시간 속으로
빠져드는
내 몸 하나가
참으로 가볍다

멀리서 흔들리는 가랑잎 소리
내 발자국이 남기는 마른 흙의 마찰음
잔설이 녹아 땅 밑을 흐르는
미세한 소리까지
홀로인 가벼움에 무심히 스민다

무념의 공백으로 걷다 보면
생각나는 사람
나와 같음 좋겠다

# 팔삭둥이 철부지

무더위에 잠 못 이루는 어둠 속에
어렴풋이 들리는 소리
귀를 의심하며 다시 기울여 보니
고 녀석, 길 잘못 들었나
세상이 뒤죽박죽 곤두박질치며
순리를 벗어나 갈피를 못 잡는 절기에
아직 입추가 저만치 있는데
더위에 늘어진 소리로
귀뚜라미가 구슬피 울고 있다
팔삭둥이 운명으로 태어나
소용돌이치는 세상
철부지로 그냥 그렇게
살 수밖에

# 겨울 사랑

하얗게 온통
지나치게 빛 부신 백색은
냉랭하고 시리고, 헛헛하다
겹겹이 솜 같은 눈뭉치가 꽁꽁 얼어
아무래도 속내를 드러내기에
얼마나 많은 시간을 해바라기해야 할까

재래시장 담벼락에 햇살 한 소반 끌어안고
밤 깎던 할머니
온갖 야채 다듬어 바쁜 시간, 일손 덜어주는 인심 앞세워
발길 잡던 할머니, 벌써 며칠째 좌판이 겹겹이 덮여있다
슬몃 지나가는 그림자처럼 굽은 허리가, 휘어진 손마디가
뻣뻣한 비닐 속 좌판이 궁굼하다

어둠이 더 빨리 밀려오고
해가 더 빨리 달아나는 하루 동안 괜스레 근심이 그득하다
지나치게 하얀 세상엔 채워야 할 것이 많아
더 넓어져야 할 가슴으로
동결된 무지렁이 같은 겨울 한 자락 끌고 와

시린 햇살이라도 쪼여 주고 싶다
휑한 벌판을 빙빙 돌고 있는 겨울 철새의
눈빛 닮은 심장으로 새들의 날갯짓보다 더 높이 솟아
서투른 길을 가는 먼 곳의 아이들도 못 미더워
그림자를 쪼아대고 있다
이 겨울 내내

# 아이야, 세상은 망망대해라지만

계곡의 바위와 산모퉁이
굽이굽이 돌고 돌아
숲을 비집고 스며든 햇살, 비, 바람에
산과실들 젖살 오른
단내 나는 이야기들 기억 한편에 두고
다시 돌아올 수 없음을
살아가는 이치라고 들려주고 싶네
햇살비늘 파닥이는 하천에 닿으면
한숨 돌려보거늘
삶은 쉼 없이 흘러야 하는 것
흘러가야 한다네
유유자적 강길 따라 망망대해 이르러
아득한 해무 속으로 분간 없이 쓸려가
성난 파도에 휘둘려도 멈출 수 없는
세상은 이와 같음을

아이야
두려워 마라
순리대로 물길 따라 깎이고 부대끼며

드넓은 곳에 닿았거늘
무엇이 두려우랴
지금까지 온 것처럼만 흘러가거라

#넷

# 멈춤

## 멈춤
–펜데믹 시대

신호등 앞에서만
절대 멈춰야 하는 것으로 알고 살았는데
온 세상에 빨간 신호등이 켜졌다
황색등도, 보행등도, 언제 작동할지 막연한 기다림 속에
누구는 체념으로 누구는 절망으로 또는 다시 걷게 될
많은 길을 마주하기 위해
세월만큼 쌓였던 자신들의 안팎을 털어내고
비움의 긴 터널 속으로 걸어가 본다
멈춰버린 세상에 속절없이 흐드러지던
벚꽃은 왜 그리도 화사하던지
오는지도 가는지도 모르겠던 봄날은 오고, 또 가도록
계절을 잃어버린 미아가
늘 아무렇지도 않게 피어있던 꽃들이
이토록 현란한 모습이었던 것을 새삼 알게 되고
창밖 녹음이 짙어질 때쯤
맘껏 숨 쉬며, 땀 흘리며, 늘 아무렇지도 않던
일상으로 돌아갈 수 있다면
페르소나 속에 숨어있던 얼굴들이 거리로 마구마구
쏟아져 나오고

또 다른 세상으로 걸어가는 우린
멈춤이 가져다준 많은 의미를 알게 되겠지

# 수족관 앞에서

–펜데믹 시대

간절하면 보인다지
애절하면 들린다지
끝없이 덮쳐오는 파도에
나를 온통 내던지고
탁 트인 가슴으로 돌아오던 날들
오래전 기억으로 멈춰있다

몇 날 흩뿌리는 빗 낱으로
비릿한 바람을 이고
동네 어귀 작은 수족관 앞에 멈췄다

한가하게 노니는 너희들의
고향을 물어 무엇해
먼바다에서 물어온 바람 한소끔
나는 오늘 작은 수족관 앞에서
비릿한 서해의 갯내를 맡고
동해의 거친 파도 소리를 듣는다

# 망고를 먹다

어둠 속에 구겨진 은박지처럼 움츠러드는
세상 밖 별세상이 시리게 살을 에이는
겨울이란다
귀밑머리 솜털 뽀송한
아이 눈동자에
뒤뚱대는 걸음으로 아이가 들어앉아
촉촉이 솜털을 적신다
귀중한 한 손으로 액젓 뿌린 흰 쌀밥
꼭꼭 눌러 허기진 배 불리고는
아이 눈물 걷어낸다
폭풍에 수없이 날아가던 필리핀 민다나오 지붕 아래
올망졸망 애처롭던 눈빛들 잊히지 않아
초록색 달러에 푸른 꿈 매달아 띄우고 또 띄우고
시린 겨울밤, 향수 젖은 말린 망고를 먹는다
쪼글쪼글 달달한 향에 냉기가 사라지고
어둠 속에 반짝이는 은박지처럼 꿈을 꾸고 있다
태평양 건너 America dream을

# 백마고지

태양이 비를 쏟아내던 날
백마의 등줄기로 흐르는 핏빛
긴 세월 흐른 지금도
포성에 묻혀버린 어린 학도병
겁먹은 눈빛이, 타버린 가슴이
손끝에 닿을 듯 저만치 침묵하는 곳
아직도 영령들의 함성이 들리는 듯
붉은 역사는 흐른다

마지막 역사 신탄리를 지나
고지까지 달려온 경원선
머지않아 고독한 섬, 저 능선 넘어
함경도 백두산 이 땅을 지나
러시아까지
통일을 포효하며 백호처럼
달려가리라

# 관광특구 문화공원

공원 앞
도시를 밝히는 25시 편의점
조명이 너무 자다
자정을 넘어가면 하나, 둘 늘어가는
다양한 피부색의 사람들
비치파라솔 아래 드라마가 연출된다
그곳에 작고 허름한 남자가 조연처럼
뒤뚱대는 삶의 무게를 내려놓고
공원 구석구석 종횡하며 파지를 섭렵하고 있다
다국적 사람들의 널브러진 씁쓸한 인생 파지가
바람에 흩날린다

# PCC-772 천안함

전쟁은 아직 끝나지 않았다
백령도 근해 거친 파도의 하얀 포말 위로
사라져간 영령들, 무더기 무더기로
물망초 꽃처럼 피어오른다
이제 폭침이 여러 해 지났지만
우린 벌써 잊어가고 있는가
하얀 제복에 청운의 꿈을 품고
서해를 사수하려는 이글거리는 눈빛들
두려움에 떨며 어둡고 깊은 곳으로 잠겨버린
슬픈 눈빛들
그리운 사람들 떠나야 했던
그 눈빛들을 지울 수 없어
지치고 지친 몸으로 또다시 뛰어들었던
'천안함 46+1 용사'라 불리는 '한주호 준위'
얼마나 아팠을까
얼마나 안타까웠을까
그가 선택한 것은 사랑이었다
한 명도 떨쳐낼 수 없었던 그의 가슴을
파고들었을 부하들의 눈빛이었다

생존한 '불굴의 58전우'들의 아픔도
잊을 수 없이
차디찬 수중의 아들들은 또 다른 희생이
염려스러워 노심초사 눈을 감을 수 없으리라

# 골목에 부는 바람

천안함 참상이 신문 한 무더기에 실려
앞집 빈 가게 철문에 끼어 있고
구제역에 소의 큰 눈이 힘없이 껌뻑일 것 같은
신문 한 부도 덧문의 무게에 눌려있다
경제수위에 빨간 경계경보 울리 듯
소의 신음소리 보도블록 위에 펄럭인다
이도저도 부추기듯 철없는 한파의 심술은 끝도 없더니만
흙내음 맡을 수도 없는 담벼락 틈새로
여린 잎 손 내밀고 있다
옆집 그리고 그 앞집 덧문이 열리고 진열장엔
꽃이 피고 있다
낯선 여인이 칙칙한 골목에
햇살을 나르고 있다
모처럼 분주한 여인의 발걸음에
무료하던 길들이 술렁인다
닫혔던 상점들이 숨을 들이쉬고 있다
핑크색 구두 한 켤레 묵은 먼지 털고
굽을 갈아야겠다

# 융프라우

지고지순한 처녀의 아름다움으로
무에서 하나씩 이루어지기 전 모습일까
마음의 티끌 한 점까지 설산 정상에 흩어진다
아득한 계곡마다 부서지는 햇빛과 굽이굽이 흐르듯
눈부신 설경에 이미 자아를 잃었다
융프라우, 감히 내가 두 날개 펼쳐 날았다
바람보다 힘껏 날았다
빙글빙글 돌고 나르고, 추락하고
매끄러운 바닥에 두 발이 붙었다
거대한 빙벽 무한한 대자연 앞에
오만의 부스러기 흘리기조차 미안하다
백색보다 더 하얀 융프라우
눈물겹게 부셔서 아무 말도 두고 갈 수 없는
한 점 온기 기꺼이 품어다오
순백의 설원으로 언제나 기억의 날개 펼치리라

# 폼페이

상상도 할 수 없는 열기로 사라졌던 거대도시
화산 잿더미의 잔해들 아비규환 속에 정지된
그대들의 영혼이 오늘 나와 연이 닿아
누워있기도 내 곁에 서 있기도 손 내밀기도 한다
말발굽 소리 귓전에 맴돌 듯
아직 남아 있는 반듯한 돌길들
이천 년의 세월이 지난 현대를 무색게 하는
정교한 욕탕엔 건장한 남성들의 체취가 넘치는 듯하다
자유로운 거리마다 흘러 다니던
여인의 향기와 웃음이
잠시 말을 세우고 목축이며 요기를 하던 노상 카페에
사내들의 발길 멈추게 하던
이 거리를
온통, 잿빛으로 탐닉하고 있다

# 론다의 거리

붉은 망토 휘날리는
투우사의 정열에 이끌려
아득한 절벽 돌아돌아 그들은 이미
몇 날 길들인 성난 투우의 돌격에
하늘 치솟는 함성, 협곡의 깊이만큼
론다의 거리를 흥분시켰으리라
열정은 간데없고 비통한 운명에 울부짖었을
투우의 눈빛, 빈 경기장 앞을 지키고
느릿느릿 거니는 노부부들
애환 서린 옛 도시와 신도시를 넘실대는 미에보 다리 건너
론다의 도시를 띠처럼 두른 절벽 따라
헤밍웨이의 발자취를 더듬고 있다
멀지 않은 곳 지중해 바라보던 넓은 해안으로
낭만을 집필하던 작은 집 정원에
세월 거슬러 막연한 인연의 흔적 하나
심어두고 간다

# 같은 길을 향하여

빈곤한 겨울밤
먹먹한 어둠의 장벽이
무겁다, 암담하다
추위에 헐벗은 듯 마음이 가난한 자들
세속의 이념이 갈라놓은 분쟁 속에
먼지처럼 사라질 우리 작은 영혼들
밤하늘을 밝히는 수많은 별
그중에 이름 하나 얻어 태어났으니
이념의 누더기 벗어던지고
근간을 찾아야 할 때
참으로 곤했던 세월들 보내고
어둠 속에서 빛의 도래를 알리는 힘찬 부름에
함께 같은 길을 걸어가야 할 때다

# 살다가 낯선 길

비 내리면
맑게 씻긴 네 민낯을 만나고 싶어
달려가곤 했지

강 물살에 닳고 닳은
그림 찾듯이
그 중 눈에 들어
단단한 몸뚱아리 부대끼던
돌의 시절 잊어버리고
낯선 품에 안겼다
너는 윤기 나는 모습으로 다시 태어나
새 이름표 달고 좌대 위에 앉았구나
낯선 여행 끝나면
강가에 뒹굴던 시절
본향으로 돌아가겠지

## 빨간 우체통

동네 어귀에 정겨웠던 벗
까치발로 편지 한 통 넣으면
답장 기다리는 성급한 마음까지 따라가던
아날로그 시대
아련한 그리움 대문가에 서성일 때
앞마당 낙엽 위에 한 닢 얹혀있던 엽서 한 장
소복이 쌓인 눈 더미 위에도 흰 눈처럼
반가운 편지 한 통

아침마다 아침을 열어주는 우편물
수북한 고지서, 홍보물
그 말고, 반가운 소식 한 줄 있었으면
백 년의 나이테로
세월이 얼룩진 우체국
소외된 이웃까지 안부를 날라주는
좋은 사람 있는 곳
가끔 때때로
안부를 물어주는 사람들
백 년의 추억 서린 창가에

숱한 사연 세월 함께
머물기를 바라네

# 그린 힐 그곳 1

도심을 살짝 비껴가는 길목
부처고갯길 숲속 작은집
바쁜 일상 한 자락 끌고 간다
마음도 눈길도 나를 떠나 사방을 탐색하며
돌아올 줄 모른다
철 따라 순서대로 고개 쑥쑥 내미는
수선화, 백합, 장미, 아마리스 튜립, 후쿠사
그리고 묘하게 어우러지는
케냐AA, 자메이카, 하와이 코나, 예멘 모카마타리, 블루 마운틴
꽃과 커피의 향연
비 오는 날 잎새마다 초롱초롱 물기 머금고
눈 오는 날 가지마다 눈꽃 피우며 기다리던 날들
신비의 색감으로 나지막이 또는 키를 부쩍 키운 모습으로
손짓하던 담소의 자리, 작은 설렘 함께하는 행복
시간이 정지된 그곳에 마음 하나 묻어 두고 간다

# 그린 힐 그곳 2

하늘을 벗 삼아 쉴 곳이 있다
구름도 그냥 스쳐 갈 수 없는 곳
바람도 향기에 취해 하릴없이 머무는 곳
꽃들은 사람의 시선을 탐하지 않는다
한철 위해 온몸 사르면
부르지 않아도 모여든 벌과 나비와 달팽이들은
이곳에서 행복하다
비가 내려도 좋겠다
억수 같은 빗줄기에 갇혀
고철 같은 사고와 옹벽처럼 자리한
인습의 벽 털어내고
내가 꽃으로 나무로
두 팔 벌려 햇빛과 바람과 빗물에
발 담그고
꽃 한 송이 피우고 싶다
정원에 들어서면 커피 향에 찌든 하루
귀족처럼 젖어 들고
식탁 위로 들어와 앉은 햇살에
하루가 익어간다

# 그린 힐 그곳 3

네가 누구냐고 물으면
잠시 머물다 가는 바람이라고

네가 누구냐고 물으면
가끔씩 널 적셔주는 빗물이라고
흘러가는 구름이기도
넘실대는 햇살이기도

우리 모두 어디에선가
온 곳은 달라도
정겨운 향기 따라
비, 바람, 구름, 햇살처럼
여기 행복한 뜰에서 서로를 바라보는 일에
한나절 보내며
조란조란 이야기 꽃 피운다
그대도 나도
튤립, 장미, 백합의 벨벳 느낌으로 매혹적이며
수선화, 마가레트, 비올라처럼 애잔하기도 하여
서로의 눈빛을 담고 마음을 나누며
이미 그대는, 나는 꽃이 되었네

# 품에 들다

-매초산성

따가운 햇살도 무색하게
뭉클뭉클 품을 펼쳐 놓은 길 따라
세월 품은 연못엔 넉넉하게 물오른 연꽃
넓은 잎들은 수중의 신비를 온통 덮고 있다
구절구절 품으로 들다 보면
경이로운 기운이 하늘로 맞닿을 듯
길들을 일으켜 세운다
고요한 길들은 늘 기다린 듯
인기척에 잎들이 흔들리고
애잔한 들꽃이
눈빛 닿는 곳마다 속닥이고 있다
넓은 품으로 세상을 품고
한켠으로 동심을 싹틔우면
아이들 웃음소리, 소란거림이
눈 비비고 기지개 켜는 길가에
희망으로 들썩이겠지

# 잃어버린 그림자밟기

-문화인의 길

시간의 꺼풀들을 베껴내고
조각 난 흔적의 파편들을 끄집어낸다
누가 알았으랴
그림자처럼 스쳐 간 수많은 발자취
숨처럼 얼룩진
무형 유형의 것들이
지금, 술래처럼 찾고 있는
애타는 그림자의 실체인 것을
영겁의 세월 속에 흐르고, 흘러가는
말없는 이야기들을
바람에게 듣는다
강산이 몇십 번씩 거듭 바뀌도록
중한 것을 알지 못한 채
상실한 것들을

늘 술래처럼
찾아다닌다

# 거짓말 거짓말 거짓말

-이적의 노래 속으로

「온다고 했잖아
 조금만 기다리라고 했잖아」

종이비행기 타고 날아가는
시간여행
내 몸은 먼지처럼 가볍게
안개 속으로 속으로
앞이 보이질 않네
아직도 기다리고 있을 그곳으로
날아야 하는데
새하얗게 얼어있을 아이의 눈물을 닦아야 하는데
차디찬 길바닥에 얼음처럼 녹아내린
종이비행기
세상은 온통 거짓말로 범벅된
눈의 나라 같은 거라고 말해야 하는데
휑한 가슴으로
아이처럼 나도 울고 있네

「여기 서 있으라 했잖아
 곧 온다고 했잖아
 거짓말 거짓말 거짓말」

이미라 시인의 시집 『바람의 결』에 붙여

# 천 개의 바람으로<br>시의 집에 혼을 불어넣고 깃들게 하는 배려

이충재 (시인, 문학평론가)

# 천 개의 바람으로
# 시의 집에 혼을 불어넣고 깃들게 하는 배려

— 이미라 시인의 시집 『바람의 결』에 붙여

이충재 시인, 문학평론가

## 1. 시집 원고들을 만나기 전 시와 시인을 이야기하며

이미라 시인을 처음으로 알게 된 것은 바로 전 시집인 『차 이야기』(도서출판 현자)로부터 시작되었다. 이 시집에서 시인은 충분히 여성적 단아함과 정갈한 이미지를 표출하여 시인의 시적 생애와 함께 일상적 삶을 궁금증이란 소반 위에 올려놓고 문학 인생의 겉과 속을 탐닉하다가 이번 시집을 통하여 깊이 있게 시인의 사유의 영역으로 접근을 시도하는 유익을 얻게 되어 참으로 감사하다.

이미라 시인의 시들을 감상하다가 불현듯 이 시집을 중심으로 한 가치와 의미로서의 시 문학적 개념설정을 새롭게 해야 하지 않을까 생각한다. 그 이유는 이 시대 너무도 많은 시인들이 시인의 이름으로 서로 공존하고 있지만, 불행하게도 그들이 시인의 뿌리 깊은 명맥을 잊지 못하고 세속적 인기와 물질 욕구의 일환의 도구로 전락하게 된 것만 같아서 아쉬움이 크기 때문이다. 이를테면

"인간의 이성은 허영심에 적극적으로 반응한다. 일기를 쓰면서 가끔은 이런 생각을 한다. 누군가가 내가 죽은 후에 이 방에 들어와 나의 가장 비밀스러운 이야기들로 가득한 작은 노트를 발견해 주기를 바라는 것이다. 사적인 메모마저도 지적인 허영으로 더럽히는 이유다"(쇼펜하우어의 아포리즘 〈인간을 불평분자로 만드는 악당〉의 발췌) 와 같다.

또는 "지금 시를 짓겠다는 욕구가 있다는 것 자체는 칭찬할 일도 부끄러워 할 일도 아닙니다. 체험한 것을 의식 속에서 분명히 하고, 간결한 형태로 포착하는 습관은 귀하를 진척시키고, 진정한 인간이 되는 것을 도와줄 수 있습니다. 하지만 시를 짓는 일은 당신에게 해를 끼칠 수도 있습니다. 그것은 아주 많은 사람들에게 해악을 끼칩니다. 체험한 것은 순수하게 충분히 맛보는 대신 금방 아무렇게나 해치우고 처리하는 쪽으로 오도함으로써 말입니다. 일부 젊은 시인들은 자신의 체험을 시적인 관점에 따라 평가하는 습관이 들어, 결국은 글을 쓰기 위한 체험만 하는 감상적인 장식가가 되고 맙니다."(『헤세의 문장론』/연암서가)

이것이 바로 오늘날의 많은 시인들이 극복 못하는 시 창작 앞에서 보이는 교만하고도 부끄러운 태도란 점에서 이 시대와 사회는 인문학적 생명력을 잃고 있으며, 심하게 병들어 영혼적인 기력을 상실하고 말 지경에 이르고 있다는 것이다. 더욱이 이 현상에 둔감하여, 새로움을 추구하거나 진정성과 순수성을 기초로 한 자성의 목소리 조차 내지 못하고 있음이 더욱 안타까운 것이다.

이미라 시인의 이전의 시집 『차 이야기』도 그렇고 이번에 독자들 앞에 선보이게 될 시집 『바람의 결』에서도 시인으로서의 필요충분조건 -"쉬운 시를 쓰다가 어려운 시를 써도 좋고, 그 반대로 해도 좋아요, 문제는 시를 쓰는 사람의 삶이라고 봐야죠. 어떻게 살아가느냐에 따라서 시가 달라진다는 겁니다."(김규동의 『나는 시인이다』), "왜 나는 시인인가? 존재하는 것의 슬픔을 깊이깊이 느끼고 이해하려고 노력하기 때문에 나는 시인이다. 그중에서도 사람이 더없이 슬픈 존재다. 사람으로 태어난 슬픔을 아름다움으로 승화시켜야 한다고 깊이깊이 느끼고 생각하기 때문에 나는 시인이다. 그러나 나는 아직도 이 점에 있어서 많이 부족하다. 그것을 솔직히 남 앞에 털어놓을 수 있기 때문에 나는 시인이다. 그 상태를 시로 쓰고 있기 때문에 작품poem으로 다듬어 보려고 힘을 다하고 있기 때문에 나는 시인이다"(김춘수 대표 에세이 『왜 나는 시인인가』), "시를 동경하고, 시를 쓰는 마음은 수목樹木과 같은 것이다. 수목이 밝은 햇빛과 푸른 하늘에 그의 동경의 손을 뻗고, 또한 자연의 맑은 정기를 모아 그 스스로가 정결하듯 시를 쓰는 마음이야말로, 이 정결한 동경과 무한한 아름다움과 영원한 생명의 애절한 꿈을 사모하는 일이기 때문이다. 또한 수목은 그 자체가 자연의 부분을 이루어 아름답듯 시를 쓰는 마음은 스스로 완전한 아름다움을 이루려는 심정일 것이다."(박목월 시인의 『밤에 쓴 인생론』의 「시를 쓰는 마음」)을 모두 갖추었다고 장담하는 이유다.

이제는 이 순수하고도 진정성 넘치는 시인으로서의 이미라 시인의 시 세계로의 산책을 나서보기로 하자.

## 2. 이미라 시 세계로의 즐거운 산책

이 시대 특히 대한민국은 여전히 인문학의 고갈, 관심 소홀로 인하여 속이 텅 비어 있으며 또한 중심이 심하게 흔들리고 있음을 부인할 수 없다. 그 중심에는 단연코 건강한 사유의 실험 요소가 빈약해지고 있다는 증거이기도 하다. 거기다가 인문학의 종사자(문화, 교육, 종교 등을 총칭하여 인문학이라고 호명하고 싶다)들이 존재한다고 하나, 사실 그 역할에 충실하지 못하거나 인기, 명예욕, 권력욕 등 온갖 천민자본주의에 근간을 둔 물질 성공 주의에 매몰되어 그 참된 가치 역할을 다하지 못하고 있음의 반증이기도 하다. 그 역할의 반전을 기할 수 있는 분야의 사람 중 주연을 들라면 단연코 시인이라고 할 수 있다. 많은 예술 분야의 종사자들이 병들고 참된 가치를 잃고 있다고 해도 최종적으로 기대를 걸어보는 것은 시인들이며 동시에 시인들에게서 그 가치를 발견하고자 함이 많은 독자들이 소망하는 바다. 그 벽을 넘어서고자 하는 순수시인으로서의 재발견이 필요한데, 이미라 시인의 작품 세계가 그 첩경을 오고 가는 작가와 독자들을 위한 이정표 역할을 충분히 할 수 있다는 기대가 앞서는 이유이기도 하다.

그 이정표가 될 작품을 분석해 보고자 한다.

이미라 시인의 시를 보면 바람과 연관된 소재들이 제법 많다. 대략적으로 살펴보아도 40여 작품 혹은 바람을 지칭하는 단어 혹은 관형어들이 곳곳에서 눈에 띄는 까닭이 그 증거라고 할 수 있다. 바람의 속성은 애써 분석하지 않아도 '세기', '흐름', '자유', '카타르시스(정화)' 등의 기능을 지니고 있다고 볼 수 있다. 그 점을 염두에 두고 시를 감상해 보기로 하자.

이른 아침 창을 흔들며
작은 속삭임으로 벽을 기어오르는 바람
저녁나절 땅거미 지는 막다른 골목길
수북한 낙엽을 끌어와
메마른 그림자 드리우던 바람
늘 살아서 회유하는 바람
어느 곳에도 머물지 않고
어느 곳에나 머물며
마음 닿는 대로 만날 수 있는 바람
나를 깨우기도
살며시 흔들어 잠재우기도
간간히 불어와 무심한 안부를 들춰내는 바람
손에 잡힐 듯 흔적 없는 자유의 영혼
바람은 숨어 울기도
한껏 머리 제켜 웃어대며
여민 품속을 스며들기도 하는
늘 곁에 맴도는
바람을 좋아한다

-〈바람 예찬〉의 전문

이 한 편의 시가 이미라 시인의 시집 전체를 이끌어 준다는 특징을 지녔다고 할 수 있다. 그 이유를 '바람 예찬'이란 제목과 연관시키는 것도 그렇거니와 '바람을 좋아한다'로 귀결시킬 수 있다. 게으르거나 무서움을 타거나 번거로움을 피하려고 하는 사람들에게 있어서는 바람이 결코 좋은 자연현상이 될 수 없어서 꼭꼭 숨어 버리고 싶은 마음에 사로잡힐 때가 있다. 그러나 이미라 시인은 남다르게 바람을 좋아한다고 고백하고 있으며 이윽고 바람을 예찬하는 작품 속에 자신의 인생과 사유의 세계를 올인(All in)시키고 있다는 점에서 뭇사람들과는 분명히 다른 삶을 살고 있음을 본다. 그 특징이 다른 작품들(〈오늘도 바람이 분다〉, 〈바람길〉, 〈바람은 홀로 울지 않는다〉, 〈바람의 결〉, 〈지나가는 바람〉, 〈바람의 인연〉)을 노래하는 멜로디로서의 마중물 역할을 하기에 필요충분조건을 모두 갖추고 있음이 자명하다. 이외에도 각 작품마다 바람을 호명하는 힘이 있음을 발견하게 되고, 바람은 시인의 삶에서 떼려야 뗄 수 없는 아주 중요한 요소인 동시에 지체와도 같이 친분이 돈독한 매개 역할을 하고 있음을 놓칠 수 없다. 그 바람의 힘, 세기가 때로는 온기가 되고, 이동 수단의 동력 역할이 되고, 정화 시킴은 물론, 씻어내고, 멀리 날려 보내는 기능을 여실히 감당한다는 점에서 시인에게 있어서의 바람은 단순한 자연현상이 아닌 내적 현상의 소중한 변화를 꾀하는 작은 힘이 되고 있음을 본다. 앞으로도 소개되는 시 속에서 그 바람은 돈독한 동반자로서의 역할을 충실히 하고 있음을 발견하게 된다는 점을 주지하고 다른 시들을 감상하기로 하자.

허공에 맴도는 이름들이 그립던 날
늘 바람을 타고 있었다
바람은 강가에 내려놓기도
하늘은 빼곡한 숲에 숨어 바람 더불어
손을 잡아 주면 눈물 닮은 하늘 따라
구름에 앉았다
흐르고 흘러 멈춘 곳은
몇십 년의 세월이 스쳐 간
익숙한 풍경 속
떠난 사람들 잔영이 어리고
함께 소중한 인연으로
한길로 또는 다른 길로
분주한 일상으로 돌아가는 뒷모습에
바람 같은 이름 하나 새겨둔다
늘 곁에 있어도
멀리 있어도 그립다
이름들

-〈바람결 3-인연〉 전문

이 작품에서 우리는 바람의 힘 그러나 그 동력의 원대한 역할자로의 인간 세상을 향한 기능을 간파하게 된다. 그래서 시인은 바람을 은근히 좋아하는 것이다. 사람이나 기계문명이 할 수 있는 일들이 철저하게 제한되어 있음을 시인은 누구보다도 여실히 인식하고 있다. 그래서 자연현상 외의 인간이나 물질에 의존하기 보다는 바람에게 그 역할을 은근히 맡기는 것이다. 있다가도 금방 사라지게 하는 기능과 봄 여름 가을 겨울 어디서 불어오는지도 모를 공감각적 방향이 설정되지 않지만 사람의 폐부 깊이 파고들어오거나 영혼의 문을 열어주는 멜로디가 되어, 사람이 기대치 못하는 것들을 자아내어 미치도록 보고픈 그리움의 대상을 불러드리게도 하고, 사랑하는 대상을 향한 열정에 취하여 현실을 박차고 도망치고 싶은 욕망을 불러오는 손짓이 되기도 한다는 의미에서 볼 때 이미라 시인에게 있어서의 바람은 그 어느 것 이상의 절친이며 버릴 수 없는, 떼려야 뗄 수 없는 관계성의 이미지 설정임에 틀림없다. 그래서 작품 곳곳에서 발견되듯 애매한 상태에 처하게 될 때나 에너지를 상실하거나 공허함이 밀려오거나 스트레스가 찾아와 힘들게 할 때이거나 관계성의 난해한 상황에 직면할 때이거나 이와 유사한 환경이 연출될 때면 바람을 불러와 시인 스스로가 위로와 힘을 받는 것을 종종 발견하게 된다. 이 점 하나만으로도 바람은 시인에게는 천 개의 다각적인 환경에서의 헬퍼Helper가 된다는 점을 인식하게 된다.

어둠이 어딘가로 제각기 길 찾아 떠난 후
비로소 아침이 찾아와
짙은 밤 밀어내기에 아우성치며
소용돌이 같은 몸짓들이 긴 한숨 내쉴 때
누가 알랴
빛의 줄기들이 이토록
고요히 찾아올 수 있도록
자리 내어준 어둠의 눈물을

괜찮아
눈물방울들, 잠 깨는 잎새마다 매달려
현란한 아침을 맞을 테니까

쉼 없이 다가오는 내일, 또 내일
괜찮아
밤새 초롱한 눈빛으로 지켜보는
별들의 숱한 이름마다
외로운 마음들 함께하니까

–〈어둠의 눈물〉 전문

이미라 시인의 인간적 가치, 온기, 배려, 누군가를 향한 위로의 메시지가 실린 온아함과 이웃을 향한 참된 인간성을 전하고자 하는 그 동기부여가 잔잔한 호수가 되어 전이되는 그 통로가 느껴지는 작품이 바로 위의 작품이다. 어려움이 찾아올 때, 난감함이 밀려올 때, 방법론이라 하여 정제되지 않은 메시지를 난발하거나 욕망을 부추기는 격식 없는 태도를 일삼는 자와는 달리, 시인에게는 시인만의 마음의 언어가 있다. 그 언어가 그 어려운 인류의 동반자들에게 전해 질 때는 출구가 되고, 해결안이 되고 위로가 되고 힘이 되고 사랑이 되고 그리움이 되고 용서와 이해가 되고 신세계를 향한 원동력이 된다는 것을 알게 하는 메시지가 위의 시에 그대로 투영되고 있음을 알려주는 작품이다. "괜찮아/눈물방울들, 잠 깨는 잎새마다 매달려/현란한 아침을 맞을 테니까" 그렇다. "소용돌이 같은 몸짓들이 긴 한숨 내쉴 때" 이것이 바로 이 시대의 표상처럼 다가오지 않은가. 그 시대에서 위로의 메시지, 이정표적 마음을 누가 감당해야 하는가. 단연코 시인들이 그 역할자가 되어야 한다는 무언의 교훈을 남겨 주는 시라고 할 수 있다. 이 힘은 바로 시 〈유월 마지막 날〉을 태동하는 동기부여가 되기도 한다.

비에 젖고
바람에 부대끼면
닳고 닳아 작아진다는데
가슴 속 단단한 돌덩이는
세월 따라 커져만 간다
오장을 조여 오는 압박감
더 이상 여백이 없다

숨을 쉬어야 해
세찬 비바람에 뛰어들던 날
목울대 울리며
심장까지 차오르는 빗물

시원하다
후련하다

온몸에 물길을 내는
너 때문에

―〈살다가 보면〉 전문

위의 시는 이 세상을 극명하게 노출 시켜 만인들이 그 진의와 해결 방법과 어떻게 살아야 할 것인가의 방법론적인 것을 알게 하는 의식의 전환을 꾀하는 작품이라고 할 수 있다.

자신은 강하다고, 멘탈 강화 요소를 지닌 사람이라고 그래서 영원히 행복할 것 같다고 자랑하거나 잘난 척 할 필요가 없다. 지구 작은 별에 존재하는 한 누구에게나 각기 다른 크기의 아픔과 온갖 시련과 고통을 동반하기 마련이다. 그래서 우리는 나 하나만을 위한 개인주의에 매몰되기 보다는 잔잔한 멜로디와 같은 위로의 언어를 가슴에 새기고 누구에게든지 전하는 메신저 역할을 하기에 주저하지 않아야 한다. 그 공급처가 시이고, 공급자가 시인이어서 좋은 것이다. "온몸에 물길을 내는/너 때문에" 그 '네'가 바로 이 시를 쓰고 시를 읽고 공감하는 시인과 독자라면 이미라 시인의 역할은 다한 셈이라고 할 수 있다. 그 잔잔한 동력을 매일 생산하여 공급하는 순수 시인들이 많아진다면 아마도 인류의 생활 분위기는 확연하게 밝아질 것이며 다시금 에덴동산과 같은 파라다이스에 근접한 분위기가 연출되지 않겠는가. 은근히 소망을 품어볼 수 있게 된다. 이와 같은 동력을 회복한다면 그 다음의 시 〈삶의 이유〉 -"그래, 더불어 가보자/살아 있다는 건 창조의 의미/아직도 시작은 희망이니까", 〈여백〉 -"혼탁한 욕망으로 버거운/마음자리를 비워야/다가올 수 있다"에게로 직결되는 수혜를 입게 된다는 것쯤 잊지 않기를 바란다.

살아온 세월만큼
촘촘한 기억창고에
뿌연 안개 덮이더니
걷힐 기미가 없다

불확실한 미래는
희망을 짓누르는 고질병의 무게
네 몸은 네 것이 아니라고
불시에 앗아가는
몸 안의 버팀목
비틀대는 틈으로
통성명도 없이 찾아오는 파괴의 그림자
알 수 없는 나머지 생을
함께 가자 하네
그래, 그런 거였어
내 몸이 내 몸이 아닌 걸
이제사 의연하게 동반의 길
꽃길도 가시밭길도
손 맞잡고 가려하네

–〈병 –함께 가는 길〉 전문

이 시에서 이미라 시인의 그간의 삶의 순간순간 수많은 고비를 지혜롭게 견디어 온 이력이 생생하게 느껴진다. 필자도 지난달 어머니를 하늘나라로 보내드려야만 했다. 6개월 남짓 생사고락生死苦樂을 함께 한 터라 어머니를 보내드리고 난 이후의 삶 중심에 허전한 구멍이 숭숭 나 있음을 발견하게 된다. 이미라 시인의 삶이라고 평안만 했을 리 있었겠는가. 수많은 병리 현상들을 경험하고, 가족, 친인척, 이웃들의 병약한 현상들 속에서 사별의 아픔을 경험하지 않은 역사가 어디 있겠는가. 그래도 수많은 사유의 강과 들녘을 거닐어 온 이력이 있었기에 위의 시를 잉태하게 된 것이리라. 누군들 병이 귀찮다 하지 않을 사람이 있겠는가. 때로는 고통

이고, 불편한 관계이고, 원수와 같이 느껴질 등 뒤에서 비수를 꽂는 존재로서 다가서겠지만, 그렇다고 해결될 인생이라면 몰라도 인간의 연약함을 인정할 때, '이제사 의연하게 동반의 길'을 선택하고 집중할 수밖에 없다는 지혜를 독자들과 공유하고 싶어하는 그 간절함이 느껴지는 작품이다. 이 시와 연관 선상에서 감상해도 좋은 작품들을 들라면 〈동반자〉, 〈한 숟가락〉, 〈나의 살던 집〉 - "내 생에 가장 행복했던 때는/이곳에서 살아온 시간들이라는"을 들 수 있다.

길게 늘어선 길
연기처럼 꼬리를 감추고
비어 있다
마주치는 사람이 있어 좋을 때도
아무도 없는 빈 길의 고독함도
내가 누릴 수 있는
유일한 시간
사람에게 상처받고
사람에게 위로받고
그런저런 모양새로
사람은 어우러져야 살아지는 것
이야기를 만들고 역할극을 하며
삶은 그렇게 흘러가는 것
때로는 부대끼는 길 속에서
때론 빈 길을 걸으며 이 또한
지나가는 순간인 것을

-〈비어 있는 길〉 전문

대한민국 예술의 상징처럼 호명되어 온 것은 바로 '여백'이다. 이 여백은 문학예술 세계에서도 예외가 될 수 없다. 그렇다면 문학 속에서 발견되는 여백은 단연코 시인의 사상이나 철학 혹은 삶의 모습과 직결된다고 할 수 있다. 그런 면에서 볼 때, 이미라 시인의 철학과 사상과 삶의 여유가 위의 시에 그대로 투영되고 있음을 확인시켜 주는 듯한 자기 확신 혹은 고백 조의 시라고 할 수 있다. "마주치는 사람이 있어 좋을 때도/아무도 없는 빈 길의 고독함도/내가 누릴 수 있는/유일한 시간/사람에게 상처받고/사람에게 위로받고/그런저런 모양새로/사람은 어우러져야 살아지는 것". 그 누구도 흉내 낼 수 없는 이미라 시인만의 삶의 형태가 만들어 낸 몸짓이고 독백인 것이며, 동시에 사유의 결과물인 것이다. 그래서 시를 깊이 있게 감상하노라면 스스로를 놀라게 하는 위로와 내공이 쌓이게 되는 것이다. 이는 단순히 자신감이 아닌 모든 삶의 영역에서 빚어지는 순간순간의 삶이 초월적 모습으로 성장하고 성숙되는 경지를 장악하는 힘의 원천이 내재하기에 가능한 것이다. 이를 통하여 흔히들 인숙미라고들 하지만, 시를 통한 깨달음의 결과물로서의 자기 삶의 확장과 집중은 그 이상의 대변화를 꾀하는 산물이라고 할 수 있다. 그래서 많은 사람들이 잘은 모르지만 돈과 권력도 되지 않는 시인의 세계를 꿈꾸고 그 길을 향해서 가슴 활짝 펴고 달려가는 것이다. 다만 순수성이 사라진다면 모든 것이 허황된 꿈에 지나지 않는다는 것쯤은 우리 스스로 경계해야 할 일이기는 하다. 이미라 시인의 위의 작품을 볼 때

그 경계수준을 뛰어넘은 아주 훌륭한 시인의 삶을 보여주고 있음에 감사와 함께 한없이 부럽기만 하다.

빈곤한 겨울밤
먹먹한 어둠의 장벽이
무겁다, 암담하다
추위에 헐벗은 듯 마음이 가난한 자들
세속의 이념이 갈라놓은 분쟁 속에
먼지처럼 사라질 우리 작은 영혼들
밤하늘을 밝히는 수많은 별
그중에 이름 하나 얻어 태어났으니
이념의 누더기 벗어던지고
근간을 찾아야 할 때
참으로 곤했던 세월들 보내고
어둠 속에서 빛의 도래를 알리는 힘찬 부름에
함께 같은 길을 걸어가야 할 때다

–〈같은 길을 향하여〉 전문

위의 시는 이미라 시인으로 하여금 시대와 그 구성인들로서의 피조물인 인간의 사유의 세계와 생활 패턴과 그 뇌 속을 어지럽히고 있는 병기와 같은 탐욕으로 물든 시대를 향하여 올곧은 철학적 울림을 줌으로써 참된 인간으로서의 삶이 어떠해야 하는가에 대한 교훈을 가슴 깊이 각인시켜 주는 힘을 느끼게 한다. 이를 두고 철학적 시상이 읊아낸 시적 아포리즘이라고 호명해도 지나침이 없다고 할 수 있다. 많은 이들이 시를 쓴다고 하지만, 느낌을 주지 못하거나 말장난 같은 혹은 자기 삶의 진실된 내용물이 빠진

채, 지면을 채우기 위해 급급해하는 듯한 인상을 지울 수 없는 글들을 쓰곤 하는 데 문제의 심각성이 있다. 이미라 시인의 작품들을 보면서 느끼는 바, 분명한 사유의 결실이 빚어내는 참된 인간의 길을 제시해 주는 의도된 힘이 느껴진다. 이는 시인의 사유의 깊이가 얼마나 오래된 생활 훈련, 사유의 거듭남을 통해서 얻어진 결과물인가를 짐작하게 하고도 남음이 있다. "추위에 헐벗은 듯 마음이 가난한 자들/세속의 이념이 갈라놓은 분쟁 속에/먼지처럼 사라질 우리 작은 영혼들/밤하늘을 밝히는 수많은 별/그중에 이름 하나 얻어 태어났으니/이념의 누더기 벗어던지고/근간을 찾아야 할 때/참으로 곤했던 세월들 보내고" 이와 같은 허울을 벗어던지지 못하고 잘난 척 하면서 제 본분本分을 잃고 살아가는 것이 바로 대한민국의 현주소임을 시인은 간과하지 않고 시로 표현해 내고 있다. 독자들이 시인의 이 같은 깊이 있는 고뇌의 흔적을 발견한다면, 시인의 생애를 통한 참된 위로와 비전을 채워나갈 자격을 얻은 셈이다. 시인은 그들에게 정중하게 권하고 있다. "함께 같은 길을 걸어가야 할 때다" 이 대열에 함께하고자 하는 이들은 이후로 시를 통한 사유의 참된 영역을 넓히게 될 것이고, 추운 겨울과 같은 천민자본주의 시대를 거슬러 오르는 행렬에 동참자 되어 힘을 보태거나 외로움을 함께 나누어 품게 되는 동병상련同病相憐의 짐을 나누어지게 될 것을 확신한다. 그들과의 동거가 현실화될 때, 살만한 나라, 에덴을 본받는 지구가 재창조되리라 믿는다.

## 3. 시 세계를 뒤로하고 다시 일상으로 돌아 나오며 품어보는 생각

요즘은 참된 인물을 찾아보기가 어렵다고들 호소한다. 시인들의 수효는 많은데 시 독자가 사라짐에 대한 문제를 어디서 찾아야 할지에 대해서도 제대로 된 소리를 내는 사람들이 없다는 것도 심각한 문제 중의 하나다. 그만큼 제 기능, 제 생애를 충실하게 살아내는 인물들의 수효가 점점 더 사라지고, 명분만을 고집하면서 인기와 명예 욕심에 자기희생을 주저하는 인물들을 도처에서 발견하기란 그리 어렵지 않기 때문에 사회가 빛을 잃게 되고, 인간성 상실의 도가 심화되는 것이라고들 한다. 자연스럽게 인문학의 위기를 불러온 지 이미 오래이나 그 해결 조짐이 쉬 만들어지지 않는 것도 그와 같은 맥락에 놓고 되새겨야 할 사안이다.

이성복 시인은 〈시인에게 있어서의 글쓰기〉란 에세이에서 다음과 같이 위로의 말과 경각심의 말을 동시에 던지고 있다. "나는 원초적인 인간입니다. 아무에게도 말할 수 없고, 아무 말도 해 줄 수 없으며, 아무 소리도 들리지 않는 순간이 시의 순간입니다. 나는 그 순간이 늘 두렵습니다. 우리가 궁극적으로 사는 것을 좁혀 가면 '귀'만 남을 것입니다. 남는 건 '귀'고 나머지는 사막 같은 고요함뿐인 공간, 그 백지 같은 공포가 나를 압도하는 정서입니다." 이미라 시인은 이미 이전의 시집 『차 이야기』에서 이와 같은 경험을 충분히 제공 한 바, 이번 시집에서는 줄곧 침묵과도 같은 시상들을 불러내어 한 가족이 되어 시의 집에서 동거하는 행운을 누리게 된 것이다. 이를 두고 독자들은 행복하지 않을 수 있겠는가.

보편적인 독자들은 이미라 시인이 생각하고 사랑하고 동거하기를 끊임없이 즐기는 그 바람의 채색을 발견하게 되는 수혜를 입었을 것이다. 필자도 바람이 품고 들려주는 이미지 교훈이 이와 같이 다양하고도 가치와 의미를 내포하고 있음을 이미라 시인의 작품들을 감상하기 전에는 미처 깨닫지 못한 부분이라 아주 큰 경험을 통한 사유의 우물을 파게 된 은혜를 입게 되었다고 고백할 수 있어서 좋다.

보르헤스는 문학을 말하면서 시인들을 향하여 다음과 같은 교훈을 들려주고 있다. "우리는 시를 향해 나아가고, 삶을 향해 나아갑니다. 그리고 삶이란, 제가 확신하건대 시로 만들어져 있습니다. 시는 낯설지 않으며, 앞으로 우리가 보겠지만 구석에 숨어 있습니다. 시는 어느 순간에 우리에게 튀어나올 것입니다."

이는 시인들의 참된 역할을 기대하는 바람을 담아 전해지고 있는 간절함이라고 들어도 무방할 만큼 이 시대는 많이 변해 있다고 볼 수 있다. 삶이 시로 만들어져 있기보다는 '물질'이니 '힘', '인기', '명분'으로 각질화되어 있는 것 같고, 시는 이제 많은 사람들이 읽지 않는 난해성만을 남발하고 있다고 하는 항변의 메아리가 도처에 울려 퍼지고 있다. 이뿐 아니라 진실되고 순수성을 잃은 가장된 것들이 부끄러움도 모르고 거리로 튀어나와 삶의 중심을 장악하기에 이르렀다. 그 책임은 누구에게 있는가? 시를 쓰는 시인도 그 책임의 일부를 짊어져야 한다고 본다. 그렇지 않으면 헤

르만 헤세처럼 양말공장의 공장장이 되든지, 아니면 인기를 구하며 평생을 들뜬 마음으로 구름을 따르는 삶으로 살아가면서 세월을 낚는 연예인이 되어 돈만을 움켜쥐는 일에 일원이 되어 살다가 죽으라고 권하고 싶은 것이다. 시인은 분명하건대 그들과는 다른 구별된 삶을 살겠다고 나선 고독한 이들이며 동시에 올곧은 독행자의 길을 가는 자기 책임, 시대적인 책임, 자기희생을 기꺼이 사랑하는 진실된 삶의 주인공들인 것이다. 이들에 의해서 숨겨질 것은 숨겨져야 하고, 가려질 것은 가려져야 하고, 드러내 만방에 알려야 할 것은 알려야 한다. 그것이 바로 순수성과 진정성을 모두 갖춘 시인의 영혼을 통해서 비추어진다는 사실을 망각해서는 아니 되는 것이다. 그들을 일컬어 시를 생업으로 알고 시를 쓰는 듯한 자기 철학을 지닌 사람詩人들의 몫이 되어야 한다고 믿고 싶은 것이다.

이어령 교수는 『언어로 세운 집』(arte)에서 "시 한 편을 들어서 한 채의 '말집'인 겁니다. 그런데 집이라고 하면 대개, 아니 모든 경우 그 집의 겉모양을 생각하게 됩니다. 집을 그려보라고 아이들에게 말해보세요, 지붕을 그리고 창을 그리고 대문과 담을 그립니다. 사진을 찍어도 집은 언제나 그 외형만 보이게 찍힙니다. 실제의 집은 그 안에 있는데 말입니다. 사람이 살고 활동하는, 막상 중요한 집의 내부 공간은 볼 수가 없습니다. 볼 수만 없는 게 아니라 우리는 아무 집이나 함부로 들어갈 수 없습니다. 이젠 아예 그 닫힌 내부 공간을 잊고 사는 경우가 많습니다." 많은 시인들은 시를 이렇게 쓰고들 있다. 그리고 출판업자 혹은 관계기관과 결탁하여 베스트셀러 운운하며 시의 세계를 혼란스럽게 한다. 독자들로 하여금 그 지대를 하나둘 벗어나 인문학적 황무지를 만드는 현실이 바로 대한민국의 오늘인 것이다. 이는 오늘 이 시대를 지탱하고자 애쓰는 시인들이 충분히 자성의 목소리를 내야만 하는 사명이며 몫인 것이다. 누구나 방문하여 편히 쉬고 사유하며 기거할 줄 아는 공간으로서의 '말집', '시의 집'을 만들기 위해서 자기희생과 노력이 수반되지 않으면 그 시는 생명력을 잃게 된다. 아무에게도 감동이나 위로와 힘을 제공하지 못하는 더 이상의 경각심이나 시그널의 역할을 상실한 채 논 한가운데 외로이 서 있는 한겨울의 허수아비와 같은 것처럼. 이미라 시인의 작품 세계를 충분히 진실된 마음으로 감상을 하게 되었다. 이미라 시인이 독자들에게 전달하고자 하는 메시지에 앞서서 시인 자신을 위로하고, 자신의 마음의 소리를 듣고자 하는 능동적이고도 자발적인 태도 변화의 진지함을 발견하게 되었으며, 결코 서두르지 않고, 차 한잔을 앞에 두고 사유하듯 한 그 행보가 이번 시집 『바람의 결』에 고스란히 채색되고 있음을 보고 놀라지 않을 수 없다.

분명하건대, 이번 시집을 감상하면서 미처 터득 못하고 깨닫지 못하고 또한 발견하지 못한 점은 후에 시인과 차 한잔 마실 여유가 마련된다면 다시 경험하게 되리라는 바람을 품어본다. 한 사람의 진정성 있고 순수한 삶을 사유하며 기경起耕하는 시인을 만난다는 것 이상의 기쁨이 있을 수 없기에 또 한 사람을 그리워하게 된다는 정신적인 부채를 안고 이 글을 마치게 된다. 끝으로 우리가 지금 문학이 필요한 까닭을 단 서너 줄의 문장으로 주지한 엥거스 플래처의 글을 소개하면서 이 글을 마치려고 한다.

"손가락이 장밋빛으로 물드는 어슴푸레한 햇살 속에서 경이로운 발명품이 탄생했다. 그것은 마음의 상처를 치유하고 어둠 속에서 희망을 되살릴 수 있었다. 황홀감을 자아내고 믿기 어려운 나날로 이끌 수 있었다. 지루함을 몰아내고 하늘의 빗장을 벗길 수 있었다. 그 발명품은 바로 문학이었다."

한 권의 시집을 집필하고 출간하기까지 공들인 이미라 시인의 삶을 축복하며, 그 산물로서의 시집 『바람의 결』이 소망을 잃고, 사유의 기능의 장애를 극복하고 참된 인간으로서의 인류애를 지니고 살아가기를 간절히 원하는 독자들을 위로하고 힘이 되어주기를 기도하면서 감상의 변을 남긴다. 시인님 고독한 독행자의 길, 거룩한 망명자의 길을 거뜬히 준행하여 행복을 영원히 간직하시고 순수하고도 영원한 시인으로 남아 주시기를….

## 이미라 시인의 작시가 실린 시비·비문

* 상패교에 세워진 시비

* 배꼽다리에 세워진 시비

소요산 자유수호 박물관 내 무공수훈자 공적비

* 무공수훈자 공적비의 비문(2023. 12. 11)